Rolf Dieter Kaufmann

Bei meinen Reisen spielte Philomena am Piano

Verlag & Druck: Tredition GmbH, Halenreie 40-44, 22359 Hamburg

ISBN 978-3-347-221126-1 Paperback
ISBN 978-3-347-221127-8 Hardcover
ISBN 978-3-347-221128-5 e-Book

Umschlagbild: Hildegard Herbort

Vorwort

Märtyrer sind Menschen, die wegen eines Bekenntnisses leiden und wegen ihres Glaubens den gewaltsamen Tod erdulden. Die Märtyrerin Philomena hat mich in allen Lebenslagen begleitet. Ihr Name verweist auf Freundschaft, Kraft, Stärke, Mut und Liebe. Philomena steht für Eifer und starken Willen, aber auch für Zorn, und Wut.

Inhalt

I.
Reise nach Persien, 1972
Seite 9

II.
Reise nach Gambia, 1972
Seite 22

III.
Reise nach Angola, 1975
Seite 24

IV.
Reise nach Rhodesien-Simbabwe, 1977
Seite 25

V.
Reise nach Russland, 2001
Seite 27

VI.
Reise nach Italien, 1960 und 2012
Seite 37

VII.
Reise nach Ägypten, 2012
Seite 48

VIII.
Reise in das Innere
Seite 53

Rolf Dieter Kaufmann

Bei meinen Reisen spielte Philomena am Piano

I.
Reise nach Persien, 1972

Ich bin viel in der Welt herumgekommen: Lateinamerika, Nordafrika, arabische Halbinsel, vorderasiatische Staaten und Asien. Wo immer du länger verweilst, begegnest du dem Geschäft mit Angst und Tod, dem Leben nach dem Tod und dem Wunsch, den Tod zu besiegen. Es geht immer um das Überleben. Es geht darum, wie man lebt.

Liebe Brüder und Schwestern, ich sage euch: Der beste Platz für unser Leben ist trotz allem hier auf der Erde. Alle anderen Plätze mit dem Ziel erfüllten Lebens sind Scheinorte. Andere Lebensorte und Lebensformen sind Ausflüchte.

So stand es am Eingangstor einer katholischen Kirche auf der Insel Shangchuan-Dao, nahe Kanton (China) geschrieben. Diese Aussage soll von Sima-Qian, dem Hofschreiber der Han-Dynastie (206 vor neuer Zeitrechnung bis 220 neuer Zeitrechnung) stammen. Die Han-Dynastie war eine Phase wirtschaftlicher und kultureller Blüte in China. Auf der chinesischen Insel Shangchuan-Dao, im südchinesischen Meer, soll der spanische

Missionar der katholischen Kirche, Francisco de Gassu y Javier (der heilige Franz Xaver) 1552 gewirkt haben und verstorben sein.

无论如何，最理想的生存空间是尘世
上苍对满足生活的所有承诺都是谎言
人生的天堂和永恒的生命都是逃避现实的借口

Original-Text

Aufenthalte in Persien: 1972, während der 2560-Jahrfeier zur Würdigung des persischen Kaiserreiches hielt ich mich aus beruflichen Gründen in Persien auf. Von Diktator und Schah Resa Pahlewi war ich zur Staats-Feier nicht eingeladen. Bundespräsident Heinemann hingegen schon.

Heinemann nahm nach deutlichen Protesten der Linken in Deutschland und wegen einer Augenerkrankung die für ihn peinliche Einladung nicht an.

Meine Reiseziele waren die Regionen, in denen Kurden leben, die Provinzen Chorasan, Yazd und Sistan, welche an der Grenze zu Turkmenistan und Afghanistan liegen. Mein Begleiter Schürer, Bildjournalist, hatte sich auf dem Landweg für eine Fotoreportage über das Leben der Kurden im Randgebirge des Abborz spezialisiert.

Das Abborz-Gebirge trennt Wüste und Kaspisches Meer. Es ist ein Hochgebirge im nördlichen Iran, zwischen Kaspischem Meer und Persischem Hochland. Die Gipfel ragen bis 5671 m. ü. M.

Auf der Gasse des Vertragens: Unser erstes Reiseziel war Yazd, eine alte, historisch bedeutsame Stadt in einer Oase, am Rand der großen Salzwüste Dascht-E-Kawir, im iranischen Hochland gelegen. Ein in Yazd beheimateter, ehemaliger Studienkamerad, Adalhard Afirad, erwartete uns dort. Er brachte uns zur `Gasse des Vertragens`. Er führte uns zu einer berühmten, schmalen Gasse in der Altstadt, die daran erinnern soll, dass alle Menschen, unabhängig von Stand und Ansehen, von Weltanschauung, Religion und Rasse, sich vertragen sollen. An einer Hauswand in der `Gasse des Vertragens` stand in persischer Sprache geschrieben: Muslime ihr und Christen, schickt eure Brüder und Schwestern, schickt alle, die gläubig sind, in die enge `Gasse des Vertragens`. Diese, Brüder und Schwestern, führt die Menschen von überall her auf die `Gasse des Er-wachens`.

Gasse des Erwachens: In China, Indien, Ja-pan, Persien: Ein schöpferisches, Fantasie geleitetes, erleuchtetes, tolerantes, gemein-schaftliches Leben im Einfluss der Erkenntnis und zur Bereicherung unterschiedlicher Kul-turen. Bei aller Verschiedenheit sollen die Menschen lernen, sich zu respektieren und friedlich zusammen zu leben.

ترجمه از زبان آلمانی
شما ای مسلمانان و مسیحیان، برادران و خواهران خود و همه مؤمنان را به کوچه باریک سازگاری روانه کنید. برادران و خواهران، این راه همه انسان‌ها را، از هر کجا که باشند، به جاده بیداری رهنمون میکند.

Original-Text

Einödhof des Nîzamî: Das sei am Rande er-wähnt, da meine hauptsächlichen Reiseziele Süd-Chorasan, das Land der aufgehenden Sonne, an der Grenze zu Afghanistan und dort der Einödhof des Kurden Nîzamî waren.

Er ist Gläubiger der zoroastrischen Religion: Zoroastrismus entspricht einer altpersischen, monotheistische Religion, deren Gläubige wegen ihrer Heiligen Schrift, `Avesta` genannt, von Andersdenkenden deutlich in Lebensweise eingeschränkt und diskriminiert werden.

Fruchtbringender Anaab: Auf einer Reise durch die Trockenwüsten im Hochland begegnet man oft den guten Mächten des Sonnenaufgangs und des Sonnenuntergangs, den bösen des sengenden Lichtes am Tag und der Trockenheit, dem Mangel an Wasser, an Wind und frischer Luft. Nach Tagen der Entbehrungen trafen Schürer und ich schließlich in Nîzamîs großem Anwesen Fruchtbringender Anaab ein.

„Im Namen des Ahura Mazda, im Namen Gottes, seid gegrüßt!" So empfing uns Nîzamî, samt dem Clan, der Ehegattin, den Kindern, Großeltern, Urgroßeltern, Schwägern und Schwägerinnen usw. „An Gott zu glauben, schadet niemandem!", gab ich zur Antwort. „Wie wahr!", bestätigte Nîzamî.

An Gott zu glauben schadet niemandem? Später einmal, im Zusammenhang mit Religionen, die nicht seine waren, soll Nîzamî zu Schürer gesagt haben: „An Gott zu glauben, schadet niemandem! Gott zu instrumentalisieren, um Macht über Menschen ausüben zu können, um Menschen an die Kandare nehmen zu können, um Menschen unmündig zu halten und sie in jedweder Art und Weise auszubeuten, ist das Allerschlimmste, was Menschen passieren kann." „Wie wahr!" So würde ich ihm geantwortet haben.

Instrumentalisieren: Zurechtbiegen missbrauchen, Gott für unlautere Zwecke benutzen.

Wie mir Nîzamî unter einem Anaab die Gottfindung erklärte. Nîzamî: „Ich möchte behaupten, alles, was der Mensch sich vorstellen kann, gibt es, oder wird es irgendwann einmal geben. Dabei spielt ohne Zweifel die Zeitfrage eine Rolle. Dafür steht mein Fundus an Wissen und Erfahrung von der Welt. Dafür stehen meine Funktionen und die Verantwortung als biologischer, sozialer und rechtlicher Vater - und dafür steht mein Amt als Anführer meines Clans. Dafür stehen mein Volk und die Stammesgesellschaft.

Oberhäupter: Jede Familie hat ein Oberhaupt, das die Geschicke der ihm Anvertrauten leitet und die Verantwortung trägt: Es bedarf einer Struktur, eines Aufbaues und

Gefüges für das Zusammenleben. Um eine Struktur zu erstellen, braucht man irgendetwas, um überhaupt irgendetwas erstellen zu können.

Schau hier: Ich nehme drei unbeschriebene Blätter und lege diese aufeinander. Das nenne ich inhaltsleere Struktur.

Die 3 gilt in dieser Region als gute Zahl. Aller guten Dinge sind 3.

3 Menschen sind die kleinste Gruppe, in der bei Abstimmungen eine absolute Mehrheit entstehen kann. Lebenszyklus 3: Kindheit, Erwachsenenalter, Alter. In vielen Religionen ist die 3 eine heilige Zahl.

Jetzt nehme ich drei weitere Blätter. Diesen gebe ich einen Namen, `Ahura Mazda`. Immer noch habe ich eine inhaltsleere Struktur, weil die Worte `Ahura Mazda` ohne Funktion gesetzt sind und durch andere ersetzt werden können. Um einer Struktur einen Inhalt zu vermitteln, gebe ich `Ahura Mazda` eine Funktion.

Vergleichbare Überlegungen und Kritik in der westlichen Welt: Ein Gott, eine Göttin, eine

Gottheit ist innerhalb verschiedener Mytholo-
gien, Religionen und Glaubensüberzeugun-
gen – sowie in der Metaphysik – nur dann ein
übernatürliches Wesen oder eine höhere
Macht, wenn ich in ihm/ihr Aufgaben und
Funktionen erkennen kann.

Deshalb soll auf weiteren 3 Blättern, die ich
hier anhäufe, geschrieben stehen: Gott liebt
diejenigen, die gute Menschen sind.

Vergleichbare Überlegungen und Kritik in der
westlichen Welt? Literatur: Michael Schmidt-
Salomon (geb. 1967), Philosoph, Schriftstel-
ler, offizieller Vorstandssprecher der Gior-
dano-Bruno-Stiftung: Er glaubt, den freien
Willen und das religiös Verankerte in Gut und
Böse entlarvt zu haben (Michael Schmidt-
Salomon: Jenseits von Gut und Böse?
Warum wir ohne Moral die besseren Men-
schen sind).

Mein Fundus an Wissen und Erfahrung sagt
mir jetzt: Die Welt ist voller Gefahren. Es geht
um Frieden und friedliches Zusammenleben.
Und es geht darum, das Leben in der Ba-
lance zu halten. Deshalb soll auf drei weiteren Blättern, die ich hier anhäufe, geschrieben stehen: Gott bestraft diejenigen Men-

schen, die böse sind! Viele Menschen leben nur selten oder gar nicht im Zustand materieller Fülle und mitmenschlicher Geborgenheit; schon eher im Zustand fortdauernder Entbehrungen. Wir hier leben in der Nähe anderer Völker, die ähnliches erleben. Es kommt zu Streitereien wegen Hungers und Durstes, wegen Hilfeleistung und Verweigerung von Hilfe, wegen unterschiedlicher Meinungen, wegen eines zu schützenden Gutes, wegen Neid, Missgunst, Angst, Erregung und Zorn, wegen Diebstahl, wegen Raubes, Mordes.

Deshalb greifen Menschen nach Gott. Deshalb greifen Menschen nach dem Himmel als Hort des Friedens. Deshalb lassen sich Menschen von der Hand eines Gottes führen. Deshalb ist Gott für viele Menschen zum Greifen nahe?

Zu aller Menschen Nutzen werde ich verkünden: Als Gutdenkender habe ich das Recht und die Macht, zu glauben, dass es einen Gott gibt, der die Guten liebt und die Bösen bestraft. Habe ich auch die Macht, bei den Mitmenschen durchsetzen zu können, was ich glaube? Man wird mich auffordern: `Beweise, dass es Gott gibt!`

Vergleichbare Überlegungen und Kritik in der westlichen Welt: Der Gutdenkende, so sagt man, sei in die Prinzipien von Licht und Finsternis, Gut und Böse, eingebunden. Die Überlegungen Zarathustras haben in allen Kulturen Spuren hinterlassen, auch in der christlichen Kultur. Die Überlieferung aus der Zarathustra-Religion geht davon aus, dass, verborgen hinter dem sichtbaren Kosmos, zwei Prinzipien einen Kampf um die Welt und insbesondere um die Menschen austragen. Die Sphären von Licht und Finsternis stellen den Ur-Gegensatz allen Geschehens dar. Licht und Finsternis durchziehen die gesamte Weltentwicklung.

So heißt es in einem iranischen Lied: Die beiden Geister im Urbeginn, die sich im Einweihungsschlaf als Zwillinge offenbaren, sind in Gedanken, Wort und Tat der Bessere (Gute) und der Schlechtere (Böse). Zwischen diesen beiden haben die Wahrsehenden richtig entschieden, die Trugsehenden nicht. Und als diese zwei Geister aufeinandertrafen, erschufen sie im Urbeginn Leben und Tod.

Vergleichbare Überlegungen in der westlichen Welt: Gottesbeweise. Gott zu beweisen geht nur, wenn ich an ihn glaube. Mit Hilfe der Vernunft kann Gott nicht bewiesen werden. Hier ist die Geburtsstunde der Philosophie. So scheint mir. Also ist Philosophie ein wesentlicher Bestandteil der Strukturen des menschlichen Zusammenlebens und des Gottesglaubens. Ich, der Mensch, habe eine Struktur geschaffen. Ich werde in Folge verkünden, dass es einen Gott gibt, der die Guten liebt und die Bösen bestraft. Man wird mich anhören, weil jeder Mensch eine Ansammlung von Hintergrundwissen und einen Erfahrungsstock (Fundus) mit sich trägt. Man wird mich verstehen. Ich werde gut denken, gut reden und gut handeln müssen, um zu überzeugen, denn ich werde von den Mitmenschen mit den Augen des Verstandes wahrgenommen.

Jetzt wirst du mich fragen: Gibt es zu Gott keine Alternativen und zu unserer Welt keine Parallel-Welten? Gibt es keine Handlungsalternativen?

In der westlichen Philosophie versteht man unter Parallel-Welten z. B. Parallel-Universum, hypothetische Welten, die außerhalb unserer Vorstellungskraft existieren.

Ich antworte: Wer denkt, der sucht und findet Alternativen. Innerhalb und außerhalb einer Struktur entwickeln und finden sich Alternativen. Eine unserer Strukturformeln: Wir sind denkende Menschen. Wir alle streben nach Weisheit. Die Bildung stabiler sozialer Bindungen ist einer der wichtigsten Bestandteile menschlicher Beziehungen, des friedlichen Zusammenlebens und des Strebens nach Weisheit. Sie beginnt direkt nach der Geburt.

Ich stelle mir immer wieder die Frage: Wer kann sicher sein, dass es einen Gott gibt? Der Wunsch nach Wahrheitsliebe, nach Gerechtigkeit? Sind diese Wünsche nicht auch eine Strukturformel? Es gilt, im Licht des Fleißes, in guter Gesinnung und Wahrheitsliebe Tapferkeit zu fordern.

Verkündigung: Um uns zu schützen, haben wir unsere Gewehre und Hunde. In einer Struktur entwickelt sich zum zusätzlichen Schutz des Menschen ein `Volumen`.

Ein Volumen ist eine physikalische Größe, ist Rauminhalt: In der Physik bezeichnet man mit Volumen die Ausdehnung (Platzbedarf) eines Stoffes. Volumen schafft Dimensionen und Größensysteme.

Woher sollen andere Menschen wissen, was wir wissen und woran wir uns zu halten haben? Verkündigung ist ´Mit Absicht kund tun´ eines jedermann betreffenden Sachverhaltes. Verkündigung findet vor allem in Religionen Anwendung und ist dort gleichbedeutend mit Predigt, dem Predigen vom Wort Gottes. Also muss ich anderen Menschen verkündigen, was unsere Struktur ausmacht, denn überall gibt es nach eigener Erfahrung Gute und Böse, das Gute und das Böse. Ich beanspruche für mich allerdings nicht, wegen GUT und BÖSE mit Gott, dem Schöpfer persönlich in Kontakt treten zu wollen. Meinen Glauben kann man in die Reihe vorisraelitischer Väter-Religionen, in die der Abraham-Religionen, in die Reihe des jüdischen Monotheismus einordnen; nicht in das Christentum und nicht in den Islam. Zarathustra, mein Religionsgründer, hat stets nur von seinen eigenen Gedanken und Überlegungen gesprochen. Er scheint nur auf diesem Weg zu einer Gottfindung gestoßen zu sein.

II.
Reise nach Gambia, 1972

Kanzi ist Pfarrer und um die siebzig Jahre alt. Er arbeitete immer noch und zwar freiwillig als Dorfheimatpfleger und Geistlicher in einer kleinen Gemeinde in Gambia.

Ein Gespräch mit ihm im Jahr 1972. „Kanzi, glaubst du an Gott?" Kanzi: „Ich müsste lügen, wenn ich sagen würde, ich hätte keine Zweifel. Aber wir Menschen lügen alle. Von allen Wesen dieser Welt kann nur der Mensch lügen. Dass er lügt, macht den Menschen zum Menschen. Ohne diese Fähigkeit wäre die Menschheit längst ausgestorben oder sie hätte sich erst gar nicht so entwickeln können. Anders ausgedrückt: Der Mensch wäre kein Mensch, wenn er nicht lügen könnte. Negativ formuliert bedeutet das: Um den Menschen beherrschen zu können, müsste man ihm erfolgreich das Lügen verbieten.

Religionsgemeinschaften, ihre Gründer und Führer, haben generell Lügen zu verbieten versucht, um totale Gewalt (Allgewalt) über die Menschen zu bekommen. Lügen ist die letztmögliche Garantie, das Leben erträglich zu gestalten und um zu überleben. Ohne Lüge wäre der Mensch ein Niemand.

Eigentlich ist es völlig egal, ob ich an Gott glaube oder nicht glaube. Glaube ich an Gott und Gott gibt es wirklich, habe ich nach meinem Tod eine große Zukunft vor mir – entweder im Himmel oder in der Hölle. Ich denke, schon eher im Himmel. Dann habe ich wie in einem Lotterie-Spiel gut gesetzt. Gibt es Gott nicht, dann bin ich eines Tages für immer tot, so wie alle Menschen es eines Tages sind, wenn es keinen Gott gibt. Und dann ist mir doch wohl alles egal. Alles Schöne hat einmal ein Ende."

III.
Reise nach Angola, 1975

Am 11. November 1975: An einem beson-
deren Tag, am Nationalfeiertag, 11. November 1975, besuche ich ein Rehabilita-
tionszentrum für Beinamputierte in Angola.
Das von Landminen überzogene Angola
verzeichnet ca. Hunderttausend Körperbe-
hinderte.

Folgen: Überwiegend beinamputierte Menschen sind zu beklagen. Das Ergebnis des
verheerenden Unabhängigkeitskrieges der
Angolaner gegen die Kolonalmacht Portugal.
Ich beauftrage meinen Dolmetscher, die vielen, meist Schwerverletzten, zu befragen, wie
sie mit ihrer Behinderung zurechtkommen.
Sie antworten, sie seien voller Freude, da ihr
Einsatz schließlich zur Befreiung ihres Landes von der als extrem brutal erlebten por-
tugiesischen Herrschaft geführt habe. Portugal sei die wohl gewalttätigste Kolonial-
macht auf dem afrikanischen Kontinent gewesen, meinen viele Angolaner.

IV.
Reise nach Rhodesien-Simbabwe, 1977

Markt in Simbabwe: Ich stehe mit zwei Begleitern, Entwicklungshelfer aus Deutschland, auf einem großen Platz im von Hunger, Arbeitslosigkeit, Malaria, Tuberkulose, Typhus und Cholera geplagten, christlichen Bürgerkriegsland Simbabwe. Es ist Markt, soweit man das, was da mangels Warenfluss geschieht, überhaupt als Markt bezeichnen kann.

Fliehende und Verfolger: Plötzlich tauchen ca. 30 Schwarzhäutige Afrikaner auf. Offensichtlich sind sie auf der Flucht. Sie verschwinden hastig im zweieinhalb Meter hohen Gras der Trocken-Savanne, in westliche Richtung. Ein paar Minuten später erscheinen zwanzig schwer bewaffnete Soldaten. Auf Verfolgungsjagd. Ihr Anführer fragt mich, ob ich eine Gruppe Flüchtiger gesehen hätte und wohin sie gegangen seien. Anscheinend vertraut er mir, dem Weißen Mann, mehr als all´ den Schwarzen Menschen auf dem Marktplatz. Vermutlich deshalb, weil ich ja wegen meiner Hautfarbe ein Unbeteiligter, ein Neutraler sein könne. Entgegen meiner Kenntnis sage ich dem Anführer, die Verfolgten seien Richtung Osten, in den Miombo-Wald geflüchtet. Die Soldaten bewegen sich hastig in Richtung Osten, in den Miombo-Wald. Sehr wahrscheinlich habe ich den Flüchtenden das Leben gerettet. Zumindest vorerst.

Simbabwe ist überwiegend mit einer Trockensavanne bewachsen.

In Simbabwe gibt es Miombo- und Mopane-Wälder sowie Affenbrot- und Leberwurstbäume. Zur Regenzeit kann das Gras der Savanne bis zu 2,5 m herauf wachsen. In höheren Regionen finden sich immergrüne Bergwälder und Grasfelder.

V.
Reise nach Russland, 2001

Gasthof zum Braunbären - in Iwanowo, Russland: Auf Einladung des 'Bundes für geistige und seelische Freiheit und für Frieden und Freundschaft auf der Erde', bzw. auf Einladung der dortigen, russischen Föderation, kamen wir, vom Bund der geistigen Freiheit, am 1. März 2001 nach Iwanowo, in eine Stadt im zentralen Russland. Wir? Amélie, Anna, Fabio, Halim, Max, Tonio, Yanick und ich. Die Stadt befindet sich ca. 400 km nordöstlich von Moskau, mitten in Russland. Da sich in Iwanowo in der Vergangenheit besonders Frauen mit untrüglichem Gespür für edle Textilien stark machten, nennt man die Stadt hingebungsvoll auch die 'Stadt der Bräute'.

Iwanowo ist eine russische Stadt. Sie liegt rund 250 km nordöstlich von Moskau und hat ca. 500000 Einwohner. In der Stadt bestand ein Lager für deutsche Kriegsgefangene des Zweiten Weltkriegs. Zu den Sehenswürdigkeiten von Iwanowo zählen ein Baumwollmuseum sowie ein Kunstmuseum. In Iwanowo sind alle Kunstrichtungen, von Barock bis Moderne, zu finden. Zu den sehr schönen

Bauten gehört das Operntheater der Stadt. Auch der Jugendstil ist in Iwanowo zuhause.

Iwanowo: Iwanowo war einmal ein großes Textilproduktionszentrum und eine berühmte Textilarbeiterinnen-Stadt im größten Staat der Erde, in Russland. Inzwischen ist sie ein wenig in Vergessenheit geraten und wirtschaftlich vernachlässigt. Aus der Stadt der `Stolzen Bräute` ist eine Stadt der `Einsamen Bräute` geworden. So sagt man. Sollten sie mal irgendwann dorthin kommen, dann müssen sie unbedingt das Kattunmuseum besuchen.

Irina Lebedew: Irina Lebedew, eine elegante und gebildete Dame aus Iwanowo, Vorsitzende des Bundes für geistige und seelische Freiheit und für Frieden und Freundschaft auf der Erde, hat uns nach Iwanowo, in das Gasthaus zum Braunbären, dort am Fluss Uwod gelegen, eingeladen.

Die Uwod ist ein 185 km langer, linker Nebenfluss des Kljasma, im europäischen Teil Russlands. Die Uwod entspringt in einem Sumpfgebiet unweit des Dorfes Piszowo, in der westlichen Oblast Iwanowo. Von dort fließt sie in Richtung Osten durch hügeliges, sumpfiges Gelände, ehe sie in den Uwod-Stausee mündet. Der Stausee nützt hauptsächlich der Wasserversorgung der Stadt Iwanowo. Er durchfließt die Stadt.

Nach unserer Ankunft in Iwanowo führten uns die Damen des Bundes, dem übrigens nur 4 zahlende Mitglieder angehören (Irina Lebedew, Anastasija Koslow, Tatjana Solowjow, Anna Medwedew), zunächst in die kleinen, historischen Orte der Umgebung.

Beeindruckend war der malerische Ort Pljos an der Wolga. Besonders unsere Mitreisende, Anna Schweb, war von diesem Ort und der landschaftlichen Schönheit der Umgebung angetan. Allerdings noch mehr angetan war sie vom nach ihrer persönlichen Auffassung berühmtesten russischen Maler Isaak Levitan, der in Pljos arbeitete und lebte. Ihm ist hier ein Museum gewidmet.

Isaak Lewitan (1860–1900), Maler: Er lebte und arbeitete 1888 und 1889 in Pljos. Neben Lewitan wirkten hier auch andere, berühmte Maler sowie Sänger und Schriftsteller. Pljos ist eine Kleinstadt in Russland mit 2340 Einwohnern. Die Stadt liegt etwa 70 km nordöstlich der Oblast-Hauptstadt Iwanowo, am rechten Ufer der Wolga. Pljos ist eine der kleinsten Städte Russlands. 1778 erhielt Pljos das Stadtrecht.

Wollwürste: Max brachte als Geschenk 15 Paar bayerische Wollwürste mit, aus Haltbarkeitsgründen in Folie eingeschweißt.

Der Empfang war herzlich. Irina Lebedew und ihre drei Genossinnen sangen als Begrüßungszeremonie ein Lied, natürlich auf Russisch, das von einem Sänger und Musiker namens Arkadi Sewerny stammen soll. Nach Auffassung unseres Yanick, der ein wenig Russisch spricht, ging es in diesem Lied um Winterkälte, Frühlingsregen, Kerzenlicht und Sternenhimmel. Aber so genau konnte er es auch nicht sagen.

Übrigens. Was die Damen aus Iwanowo mit den bayerischen Wollwürsten als gemeinsames Festessen zauberten, war phänomenal.

Jegor Shiroffs Vortrag im Gasthaus Braunbär in Iwanowo. Man muss – um zu verstehen – erwähnen, dass Irina mangels Deutschkenntnissen ihrer Mitstreiterinnen, einen Grundschullehrer für deutsche Sprache aus Iwanowo mitgebracht, beziehungsweise eingeladen hatte. Sein Name ist Jegor Shiroff.

Jegors Vortrag: „Freunde und Freundinnen aus Deutschland. Darf ich mich vorstellen? Jede Stelle unseres Geistes kann uns zu großer Leidenschaft aktivieren. Ich bin leidenschaftlicher Lehrer und hoffentlich ein guter Lehrer. Gute Lehrer haben gute Schüler. So sagt man bei uns in Russland. Irina empfahl mir, ihnen kurz meine Vorstellungen vom Lehrberuf in Russland zu repräsentieren. Das will ich gerne tun. Für uns in Iwanowo gilt: Der Lehrerberuf ist ein helfender Beruf. Das Helfen ist also die Grundlage des Lernens. Helfen und anregendes Lehren festigen in jungen Menschen den Lernwillen. Als Lehrkraft sollte man nicht vergessen: Der Lehrer ist zumindest formal und struktural einem Lernenden überlegen. Der junge Mensch ist vom Lehrer abhängig. Die Autorität der Lehrerpersönlichkeit, soweit man von einer solchen sprechen kann, verwirklicht sich darin, dass der Lehrer in der Verantwortung für seine ihm anvertrauten Schüler steht und deshalb kontinuierlich Aufmerksamkeit für den Schüler haben und zeigen muss. Grundlage ist die Beziehungsfähigkeit bzw. die hieraus mögliche, erhöhte Aufmerksamkeit füreinander im Alltäglichen. Im günstigsten Fall ist der Lehrer auch fachlich kompetent. Es geht natürlich auch um Arbeitszufriedenheit. Arbeitszufriedenheit auf beiden Seiten entsteht allerdings nur, wenn nicht nur Wissen, sondern auch mitmenschliches Füreinander und Beieinander in einem sozial angenehmen Lernumfeld vermittelt wird. Ein ständig unzufriedener Lehrer ist für Schüler ein Scheusal. Als Lehrer böse, ironisch, spöttisch zu sein, ist anstrengend. Vom Lehrer bloßgestellt, ausgelacht, zur Vorführung aufgerufen und vor einer Klasse ausgefragt zu werden, ist beschämend. Gleiches gilt, wenn der Lehrer gewollt oder ungewollt wertend Zensuren zu Schülerarbeiten und zu Schwächen oder Fehlern von Schülern öffentlich bekannt gibt. Über Güte erfahren junge Menschen Akzeptanz, Vertrauen, Selbstvertrauen und Selbstbewusstsein. Lehrer dürfen allerdings nicht immer nur loben. Ich sage zu meinen Schülern in Abständen: Auch die Lehrer brauchen Anerkennung, zustimmende Worte, aufrichtige und ermutigende Gesten von Schülern. Es gilt jederzeit und überall: Aus Fehlern lernen. Und es gilt, Schüler geduldig anzuhören, sie ausreden zu lassen, sich merklich zu interessieren, Anteil nehmen an ihren Sorgen. Das hilft beiden, Lehrern und Schülern. Mit Selbstwahrnehmung beginnt die Fremdwahrnehmung und die regelmäßige Aufmerksamkeit füreinander. Ich frage mich oft: Ängstige ich die Schüler? Neige ich dazu, Konflikte rasch zu unterdrücken bzw. der Bearbeitung von Konflikten aus dem Weg zu gehen? Die durch Politik und Administration vorgegebenen Strukturen zur Vermittlung von Erziehung und Bildung sind oft rigide. Sie setzen Lehrer unter Zeitdruck und Lehrer sowie Schüler in innere und äußere Unruhe. Vermeintlich weniger hellen Köpfen wird wegen ihrer Langsamkeit im Lernen oft Unrecht zugefügt oder gar ein Strick gedreht. Lernen heißt Wachsen. Der Prozess vollzieht sich deshalb langsam und bei jedem Schüler anders. Die Entdeckung der Langsamkeit durch Lehrkräfte, aber auch durch politisch und administrativ Verantwortliche für Erziehung und Bildung, wäre eine Revolution im Bildungswesen und deshalb eine wünschenswerte Errungenschaft. Bildung ist ein hohes Gut. Die Informationsvermittlung und die Möglichkeiten, Einstellungen und Standpunkte einzubringen, haben sich in der digitalen Welt mit Internet und anderen, modernen Kommunikationssystemen verbessert. Jedes willentliche Streben nach Bildung ist auch ein Streben nach

Glück. Streben nach Bildung versetzt allerdings auch in seelische Unruhe. Ist ein Leben geglückt, wenn es mit Liebe beginnt und mit Liebe und Bildung endet? Liebe und Bildung haben kein Alter. Sie sind immer im Wachsen begriffen."

Irina Lebedew: „Freundinnen und Freunde. Ihr könnt an Jegor jetzt Fragen stellen!"

Anna: „Jegor. Was hältst du vom Religionsunterricht? Gibt es in russischen Schulen überhaupt Religionsunterricht?"

Jegor dazu: „Ich bin kein religiöser Mensch, will aber gelten lassen, dass jeder für sich entscheiden muss, ob er sich einem Glauben anvertrauen will. Ideologie und Religion (die ich beide der Einfachheit halber als Glauben bezeichnen möchte) sind Geburtshelfer jeder neuen, mitunter auch gewaltbereiten Gesellschaft. Was habe ich aus der Geschichte gelernt? Viele Menschen, die in Russland ohne religiösen Glauben aufgewachsen sind, äußern sich zu diesem Thema längst nicht mehr. Ich habe gehört, dass in Deutschland, anders als in anderen Ländern, die Kirchen wie Aktionäre sich für ihre Arbeit fürstlich entlohnen lassen. Der Grund, dass diese Art lukrativer Beteiligung der Kirchen am Staat funktioniere, läge an so genannten Konkordaten. Das habe ich mir sagen lassen. Sie, die Gäste hier, kommen aus Bayern. Bayern sei ein katholisches Land, glaubt man hier in Russland. In Bayern könne man religiösen Glauben, vor allem den katholischen Glauben, durchaus mit Ideologie gleichsetzen, meint man in Russland. Wir hier in Russland haben ja über einen langen Zeitraum erlebt, was zum Beispiel Ideologie, hier Kommunismus, bedeutet. Kommunismus ist eine Form der Manipulation von Menschen bzw. von Menschenmassen. Es geht um Macht über die Menschen. Das gilt sicherlich auch für Religionen. Berufsmäßige Führer in Ideologien und Religionen ernten in der Welt allerdings immer noch brausenden Applaus, als seien sie, nur sie, zu Lebensführung und Lebenskunst qualifiziert. Schauen sie nach Afghanistan, nach Syrien und wer weiß noch wohin. Das religiöse Vergnügen, das sich – so scheint es – gläubige Menschen, angestachelt durch radikale Gläubige, heute mit ihrer Gewaltbereitschaft gegen ungläubige, andersgläubige, andersdenkende Menschen im Namen Gottes zu leisten gewillt sind, spottet jeder Beschreibung. Es unterscheidet sich allerdings in keiner Weise von dem, was

vor ein paar Jahrhunderten die Christen ta-
ten, als sie z.B. Andersdenkende, Anders-
gläubige, sogenannte Hexen und Ketzer zu
Tausenden verbrannten bzw. hinrichteten.
Religionen neigen immer zu Kriegen gegen
Ungläubige und Andersdenkende, Anders-
fühlende. In Religion geht es immer um
Macht, um Allmacht. Der Weg zu religiös mo-
tivierter Gewalt ist mit vielen versprochenen
Geschenken für das Jenseits belohnt. In
Russland (nach dem Kommunismus) wissen
viele Menschen wenig über religiöse Vereini-
gungen. Das, obwohl es wieder kirchliche
Institutionen gibt.

VI.
Reisen nach Italien, 1960 und 2012

Aufenthalt in Rom: Mein Freund Giorgio stellt
bei einer meiner Reisen nach Rom fest: „Wie
soll es möglich sein, dass unzähligen Menschen unter Fundamentalismus die Weltanschauungen von Terroristen verstehen
und nicht die sogenannten Glaubenswahr-
heiten?"

Fundamentalismus wird aktuelle im 21. Jahrhundert fast ausschließlich mit Volksverdum-
mung in Verbindung gebracht, mit Gewalt,
Indoktrination, Fanatismus, Wahnideen und
Terrorismus. Weiterführende Begriffe: Ratio-
naler Fundamentalismus, klassischer Fundamentalismus, empirischer Fundamentalismus.

Christlicher Fundamentalismus: Der Christliche Fundamentalismus hat Jahrhunderte
überdauert und gilt als Glaubensverständnis
von Millionen Christen weltweit.

Religiöser Fundamentalismus, hier christlicher Fundamentalismus, beruft sich aus-
drücklich auf die Bibel als Fundament, auf

das von Gott inspirierte Wort (auch kirchlicher Strukturfundamentalismus).

Konsequenz: Der Glaube an die absolute Irrtumslosigkeit der Bibel. Literatur: Friedrich Jung (2002), Christlicher Fundamentalismus.

Giorgio: Erstmals im Jahr 1960 begegnete ich Giorgio. Er war Theologe und postgraduierter Student an der päpstlichen Universität.

Sein Studium setzt ein vorheriges, mit Erfolg abgeschlossenes Theologie-Studium voraus (Pontifica Universitas Gregoriana).

Ärmlichster Stadtteil Roms: Es war auf dem Flohmarkt Porta Portese, im Trastevere, im 13. Stadtteil, dem damals - neben dem Arbeiterviertel San Lorenzo - ärmlichsten und am meisten heruntergekommen Stadtteil Roms. Ich ging auf das Achtzehnte Lebensjahr zu und hatte mir fest vorgenommen, im schönen Rom Kunst zu studieren. Die Antwort meines Vaters zu Kunst war übrigens diese: „Wie bitte, Kunst? Brotlose Kunst? Willst du nicht etwas Vernünftiges lernen?" „Nicht, so lange ich lebe!", war meine Antwort.

Spitzbuben: Zwischen Altzeug-Verkäufern, Hütchenspielern und anderen Spitzbuben versprach mir Giorgio, er werde herausfinden, wo ich eine Wohnung oder zumindest ein Zimmer in Rom finden könne. Sein Versprechen beruhigte mich sehr, da ich seit mehr als drei Wochen im Zentralbahnhof (Statione Termini) von Rom nächtigte. Meine Studienjahre in Rom fielen in die nachwirkende Zeit des Pontifikats des von Giorgio hoch verehrten Papstes Johannes XXIII (geboren am 25.11.1881 in Sotto il Monte, gestorben am 03.06.1963 in der Vatikanstadt).

Giorgios nachträgliche Meinung zu Johannes XXIII im Jahr 2012: Nach Giorgios Auffassung habe Johannes XXIII wie kein anderer Papst in die Zukunft geschaut. Er habe die katholische Kirche reformieren wollen. Er habe jedoch nicht den Fundamentalismus und die Rigorosität Altgläubiger in der Kurie und denselben im administrativen Katholizismus überwinden können. Er habe zur Mäßigung bei Rechtfertigungen von Letztbegründungen der vorgegebenen Ordnung der Kirche aufgerufen. Infolge soll er gegen seinen Willen zu Lebzeiten zum „Guten Papst" (Il papa buono, gut, gütig, vertrottelt) hochstilisiert worden sein, um ihn zu verharm-

losen. Dabei habe man ihm die Flügel ge-
stutzt und ihn als Reformer absichtlich ver-
harmlost. Johannes habe das Ende des un-
guten Einflusses des Schwarzen und Weißen
Adels (Nobile d´Italia, delle Famiglie nobili del
regno d´Italia. Nobilitá mediterraneo) und
damit das Ende einer ganzen Epoche des
Einwirkens des italienischen Adels auf Vati-
kan und gesamte katholische Kirche einge-
leitet. Das sei von den Betroffenen als Angriff
auf die Tradition und als zerstörerischer Akt
der auslaufenden Macht des Adels (Epilogo
triste) erlebt worden. Johannes habe zu diesem Zweck das Vatikanum II (Beginn am 11.
Oktober 1962, Ende am 8. Dezember 1965),
auch `21. Ökumenisches Konzil` geheißen,
einberufen. Die Absicht des Papstes sei es
gewesen, die Katholische Kirche zu einer
pastoralen und ökumenischen Erneuerung
zu führen. Um dem Erstarken des Islam die
Brisanz zu nehmen und die Abwendung vieler Christen von der Kirche aufzuhalten, habe
auf Drängen des Papstes das Konzil zu
einem wenn auch nur abstrakten Bekenntnis
zur Religionsfreiheit und zu einer halbherzi-
gen Anerkennung der Menschenrechte ge-
funden. Was den Islam beträfe: Wie stünde
die katholische Kirche im Verhältnis zum
Islam ohne II. Vatikanum da? Johannes XXIII

Wunsch sei es gewesen, eine Kirche des JETZT, eine Kirche von HEUTE zu gestalten bzw. diese für die tatsächlichen Nöte und Lebensnotwendigkeiten der Menschen zu öffnen. Die katholische Kirche sollte nicht für sich selbst da sein. Infolge habe Johannes XXIII eine Veränderung des Priesteramtes angestrebt. Die Aussöhnung mit dem Judentum und der Respekt für andere Weltreligionen seien überfällig gewesen.

Giorgios Resümee: Die Katholische Kirche war nicht auf der Höhe der Zeit bzw. keine zeitnahe Kirche. Sie ist es auch heute nicht. Die Euphorie jener Jahre ist längst verflogen. Hoffnung auf Erneuerung wurde zwar geweckt, doch von Hoffen ist nichts zu hoffen. In Wirklichkeit stagniert so ziemlich alles in der katholischen Kirche. Die zuletzt erwartete, hauptsächliche Leistung des Kirchenvolkes ist weiterhin das mühevolle, indifferente SICH FÜGEN. Wer uns gehorcht, der gehorcht Gott. Gott will es! Derweil leben viele Christen auf einer neuen, von der katholischen Kirche nicht erkannten Ebene der Realität.

Giorgio über die frühen Christen: Die frühen Christen (41 bis 313 neuer Zeitrechnung) wurden im Römischen Reich zunächst spontan und lokal, dann regional und schließlich kaiserlich angeordnet im gesamten Staatsgebiet verfolgt. Sie waren Geächtete, Entehrte, Flüchtende, Vertriebene, Abgeschobene, in Willkür und mit Denunziation kriminalisierte, teils wohnungslose oder in schmählicher Knechtschaft verharrende Unmenschen. Sie galten als Verdorbene. Zugleich waren sie auch Streitbare, die nach Veränderung zum Guten strebten. Von Gerichten, von der Staatspolizei, von Geheimdiensten, von Spitzeln und Folterern wurden sie in die Enge getrieben. Viele Christen wurden getötet. Viele, die sich Christen nannten, versuchten zu überleben mittels Migration, in Solidarität mit ihresgleichen, durch Aufruhr und Aufstände und mittels Selbstdarstellung in religiösen und weltanschaulichen Gemeinschaften.

Kaiser Konstantin: Kaiser Konstantin dachte wohl ab dem Jahr 313, oder früher schon, darüber nach, was das virulente Christenvolk alles für die Verfestigung seiner persönlichen Macht bewirken könne. Nach Siegen Konstantins in kriegerischen Auseinandersetzungen mit Rivalen nahm er deshalb Abschied von der althergebrachten Götterverehrung und von religiösen Bräuchen und dem, was das Reich zusammengehalten hatte. Trotz anfänglicher Missbilligung durch sein Volk entschied Konstantin sich für die Akzeptanz des christlich-fundamentalistischen Gedankengutes. Es war eine aufregende Zeit, die Papst Markus zurückblickend und mit Sorge um den gesicherten Lebensunterhalt der Bevölkerung später so charakterisierte: `Seht, Kinder Gottes, Gottesglaube und Unglaube sind nicht die einzigen und nicht die brennendsten Probleme in der Welt. Die hauptsächliche Sorge der Massen der Menschen gilt der Sicherung des Überlebensunterhaltes.`

Giorgios Auffassung zu den Anfängen des fundamentalistischen Christentums: Der erste christliche Herrscher, Massenmörder und Heilige, Konstantin, überhäufte die Christen mit Privilegien. Er hatte recht schnell begriffen, was der Aufsässigkeit seiner politischen Feinde im Land ein Ende bereiten würde. Mit Machtbefugnissen durch Konstantin ausgestattet, wandte sich die frühe Christenheit im Römischen Reich jetzt ihrer eigentlichen Sorge, der Festigung der geschenkten Macht, der Verbreitung religiöser Überzeugungen sowie der finanziellen und wirtschaftlichen

Sicherung seiner Gemeinschaften zu. Zu den gravierenden fundamentalistischen Ausein-andersetzungen aus Not und Sorge zählte ab dem Jahr 314 der sogenannte Arianische Streit, der zum Konzil von Nizäa führte. Papst Markus wurde zum erbitterten Gegner seines Gegenspielers, des Arius. Es ging, wenn schon um Macht, um absolute, über die welt-liche hinaus gehende, von Gott gegebene Macht. Um es einfach zu sagen: Es ging um Allmacht. Wenn schon Macht, dann Allmacht. Die päpstliche Kirche entwickelte mit der dog-matischen Trinität, der Dreifaltigkeit (Drei-einigkeit) Gottes, mit Gott Vater, Gott Sohn und Gott Heiligem Geist und mit ihrer Stell-vertreter-Rolle (Strukturaler Fundamentalis-mus) eine für diese Zeit durchaus einleuch-tende Vorstellung von Allmacht, die auf Er-den Bestand haben könne. Die von Arius an der Spitze geführte konträre christliche Be-wegung fürchtete wohl diese Allmacht und entschied sich deshalb gegen zu steuern. Die dogmatische Trinität könne nicht wirklich sein, ebenso nicht die Behauptung, Jesus habe neben seiner weltlichen eine göttliche Natur. Arius musste geopfert werden, weil er die Allmacht als die einzig wahre und die durch Konstantin errungene bzw. geschenk-te, schützende Macht, nicht akzeptierte. Er

45

musste in die Verbannung geschickt werden, weil er zur Allmacht der päpstlichen Kirche, weil er zur allumfassenden, religiösen, gesellschaftlichen sowie zur rechtlichen und wirtschaftlichen Macht der Kirche auf Erden wenig Einträgliches und deshalb nicht akzeptable Thesen vertrat. Seine Thesen lauteten: 1. Logos und Gott sind nicht gleichen Wesens. 2. Jesus ist nicht Gott, sondern nur ein Geschöpf Gottes. Es habe eine Zeit gegeben, da Jesus nicht existierte. Also könne er nicht Gott sein.

Menschgewordener Gott: Um die Stellvertreter-Funktion der Kirche auf Erden für immer festschreiben zu können, brauchte man einen menschgewordenen Gott, eben Jesus. In dieser Auseinandersetzung ging es um das Ganze. Es ging um die alleinige, totalitäre Macht und deren Legitimation durch Jesus Christus, durch den `Dreieinigen Gott`. Und es ging um fundamentalistische Grundfragen: 1. Wer oder was garantiert den Menschen die Sicherheit der Erlösung? 2. Wenn Jesus nicht Gott ist, wen kann er dann überhaupt erlösen? Eine für künftige Generationen grundständig theologisch-philosophische Überlegung und zusätzlich eine machtpolitische, finanzpolitische, wirtschaftspolitische sowie kultur- und sozialpolitische Überlegung. Es ging um ein Geschäftsmodell, das überzeugendste Geschäftsmodell, das es je gab und welches es noch gibt. Diese christologischen Streitigkeiten überdauerten das 4. und 5. Jahrhundert und sie dauern immer noch an. Sie betreffen den Menschen Jesus Christus und das Verhältnis Gott und Mensch, aber auch das Verhältnis der Christen zur geistlichen und weltlichen Macht. Die Berufung auf Gott Vater, Gott Sohn und Gott Heiliger Geist als oberste Instanz relativierte jede Art menschlichen Zusammenlebens, jede Art von Selbstbestimmung des Menschen. Sie schließt Erscheinungsformen von Parallel-Welten oder Anders-Welten aus. Dahinter stand (steht noch) die totalitäre, weil unausweichliche Forderung: Der Mensch muss sich von der allgewaltigen und allgegenwärtigen Kirche formen lassen und sich fügen. Dieses Geschäftsmodell bzw. Modell des intentionalen, funktionalen und strukturalen Fundamentalismus, wirkte erfolgreich und einträglich bis in das 16. Jahrhundert, bis zur beginnenden Neuzeit. In veränderter Erscheinungsweise wirkt es noch immer. Mit diesem Modell begründete (erfand) die katholische Kirche den Kapitalismus. Mit diesem Modell wurde die katholische Kirche im Laufe der Jahrhunderte einer der größten Grundstückseigentümer der Erde. Die Kirchendiener wurden infolge zu Kirchenfürsten, Kardinälen, Bischöfen und Päpsten. Die Renaissance ist der Höhepunkt der kirchlichen Macht und des kirchlichen Kapitalismus. In ihr erreichte die Macht der Kirche die vollendete weltliche Fülle. Der Papst trieb Steuern ein. Er unterhielt eine Armee. Er war Herrscher der Welt. Zu seiner Absicherung galt ab sofort das Kooptationsprinzip, `cooptatio`, Ergänzungswahlprinzip, das Prinzip der Zuwahl in geschlossenen Kreisen, Zuwahl durch Innsider, die selbst auch zuvor zu gewählt worden waren. Kooptation ist letztendlich undurchsichtige Kungelwirtschaft (miteinander heimlich Vorteile zur materiellen oder auf Beziehungsvorteile angelegte Bereicherung absprechen bzw. Pläne, Ränke schmieden; Günstlingswirtschaft, Kumpanei.) Sie ist undemokratisch und sie fördert Korruption.

VII.
Reise nach Ägypten, 2012

Die Macht des Geldes: Achmed aus der Pilgerstadt Tanta in Ägypten, Arzt und Asylbewerber in Deutschland spricht zu mir: „Die Macht des Geldes ist ungebrochen. Vor Beginn der Moderne hat das Geld seinen Weg auf dem Land, zu Fuß, mit Kutschen und anderen landgängigen Gefährten und mit Kurieren zu den Menschen zurücklegen müssen, in Form von Münzen, Scheinen und schriftlichen Versprechen. Mit der Moderne hat das Geld unsichtbar fliegen gelernt. Blitzschnell kann es überall hingebracht werden, kaum wahrnehmbar und nur schwer nachvollziehbar."

Ich wollte, ich hätte viel Geld: Dann könnte ich im Stillen alles tun, was ich will, alles haben, was ich will, sein, wer ich will. Und wenn ich nichts will, hätte ich mir auch Genüge getan. Ich bräuchte meine Absichten mit niemandem teilen. Ich wäre nicht einer von vielen. Und keinesfalls wäre ich Trittbrettfahrer in Demokratien, Diktaturen, Oligarchien, Autokratien sowie Kleptokratien, wie sie diese in der Welt gibt. Ich wäre nicht verpflichtet, für deren Entstehung, Erhaltung und Versäumnisse mit aufzukommen. In keinem Fall wollte ich dann Fundamentalist sein. Weshalb auch? Fundamentalismus entsteht in der Hauptsache (aber nicht nur) aus Not, Armut, Mangel, Ohnmacht und Perspektivlosigkeit, aber auch aus Habgier, Machthunger usw..

Fundamentalismus spaltet vehement die Gesellschaft: Die einen in den Gesellschaften streben nach absoluter Gewissheit, nach festem Halt, Geborgenheit und zweifelsfreier Orientierung im Glauben an einen Gott oder im Glauben an eine Ideologie. Die anderen streben nach Öffnung des kritischen Denkens, nach freiem Handeln, nach pluralistischen Lebensformen, nach Differenzierung des Gemeinschaftslebens in Demokratie, Wissenschaft und Technik. Die einen fürchten den Missbrauch der Politik durch Religion oder Ideologie. Die anderen fürchten den Missbrauch der Religion durch Politik. Die einen sehen in Religionen bzw. in Ideologien die reine Intoleranz und falsche Sicherheit für ihr Leben. Die anderen sehen in Religionen bzw. Ideologien die Offenlegung einer durch Weisungen und Dogmen positiven Lebenspraxis mit Sinnhaftigkeit und bewährten Traditionen.

Wahnsinn in den USA, Left-Behind, die letzten Tage der Erde: Ich habe gelesen, Autoren der sogenannten `Left-Behind-Serie` beschwören in christlich fundamentalistischen Fantasy-Books den Endkampf des Guten gegen das Böse und kündigen den Guerilla-Kampf einer kleinen Gruppe Erleuchteter gegen die Vereinten Nationen an. Dieser Wahnsinn soll Millionen Amerikaner mit Begeisterung ergriffen haben.

Fundamentalisten haben nichts am Hut mit Demokratie: Deutsche Kanzler warnten ab 1998, unter dem Eindruck der Tea-Party-Bewegung (USA) und bei Bekanntwerden von deren Ideologien, vor religiösen Fundamentalisten, vor denjenigen, die sich für Erleuchtete halten. Sie seien demokratischen Grundeinstellungen nicht zugänglich. Es ist nicht ausgeschlossen, dass ähnliche Bewegungen in Deutschland Fuß fassen.

Fundamentalismus und Terror: Vorab steht derzeit der Islam im Brennpunkt des Interesses und der Zukunftsängste. Beispiel: Der Sudan hat ein fundamentalistisches Regime. In Algerien führt die Islamistische Heilsfront einen erbitterten und blutigen Kampf gegen die bestehende staatliche und gesellschaftliche Ordnung. In Ägypten hat der Fundamentalismus nicht nur eine Orientierung auf den Nahostkonflikt. Er richtet sich zum Teil auch gegen das eigene Volk – und gegen koptische Christen.

Fundamentalisten beten: Fundamentalisten in den USA beteten dafür, dass Obama während eines Vortrages durch einen Wolkenbruch so sehr nass werde, dass er seine Rede an das Volk einstellen müsse. Christliche Fundamentalisten in den USA sollten kollektiv für sintflutartige Regenfälle über Denver (am 28. August 2008) beten, um so Obamas Präsidentschaftskandidatur zu Fall zu bringen.

Religiöse Reglementierung der Lebensführung: Klaus P. Japp sagt dazu: Der politische Extremismus des Islam wird überwiegend auf sozioökonomische Deprivation und kulturelle Orientierungs- und Anerkennungsdefizite zurückgeführt. In diesem Zusammenhang dominiert ein `argumentum ad hominem` (Scheinargument), dessen empirischer Hintergrund durch die Realitätskonstruktionen der Massenmedien aufgebaut wird. Samuel Huntington sieht u. a. den Fundamentalismus im Zusammenhang mit dem Islam als Phänomen gegen die Übermacht des Säkularismus (Säkularismus, Säkularisierung, eine Art von Verweltlichung).

Argumentum ad hominem (Scheinargument): Die Beweisführung, auf den Menschen bezogen, wird als ein Scheinargument verstanden, um die Position oder These eines Streitgegners durch Angriff auf dessen persönliche Umstände oder Eigenschaften anzufechten. Dies geschieht meistens in der Absicht, die Position oder die eines Vertreters einer Position gegenüber der Öffentlichkeit in Misskredit zu bringen, mit dem Zweck, eine wahrhaftige Diskussion zu vermeiden.

VIII.
Reise in das Innere

Ultimo dato. Kommen sie erst gar nicht auf die Idee, ich wolle sie verspotten oder sie, meine verehrten Mitmenschen, lächerlich machen. Ob ich in allem übertreibe, kann ich nicht mit Bestimmtheit sagen. Lesen sie selbst.

Auf dem Höhepunkt: Die sogenannte zivilisierte Weltgesellschaft ist auf dem Höhepunkt des Turbo-Kapitalismus und der Staats- sowie Finanz-, Wirtschafts- und Sozial-Kleptokratie angelangt. Zugleich steht die Weltgesellschaft am Anfang einer globalen Bedrohung der Menschen durch den Menschen, wegen Macht- und Geldgier sowie wegen ungezügelter, grausamer Religionskriege.

Der Kapitalismus: Vermögensträchtige Verfechter und/oder Betreiber des Kapitals bezeichnen den Kapitalismus erfolgreich und verharmlosend über drei Jahrhunderte als das `Glück der Tüchtigen` oder die `Wurzel aller Ideen` und den `Weg zu Geld und Macht` oder als ein `Geschenk des Himmels. Dem Himmel sei Dank`. Sie stehen, ohne sich zu schämen, für den Erhalt und die zügellose Durchsetzung und Weiterverbreitung des Kapitalismus, in welcher Form auch immer. Geld, Effizienz und Profit stehen im Mittelpunkt ihres Denkens.

Kleptokratie: Die Kleptokratie hat derweil insbesondere die so genannten westlichen Demokratien, die man gemeinhin zusammenfassend auch als westliche Hochkultur bezeichnet, erfasst und durchdrungen. Kleptokratie ist kein Ruhmesblatt aus der europäischen Tradition. Kleptokratie ist die Herrschaft vermeintlich gesellschaftlich legitimierter Plünderer. Sie ist Diebesherrschaft, in der sich staatstragende, wirtschaftliche und/oder gesellschaftliche Institutionen willkürlich, ohne sachlichen Grund, erfolgreich und nach Gutdünken, teils sich selbst lobend, Verfügungsgewalt über Eigentum, Besitz und Einkünfte der Masse der Bürger herausnehmen, mitunter in von der Masse der Menschen kaum wahrgenommenen Grauzonen, z.B. durch Absprachen mit Lobbyisten oder in Übereinkunft mit Wirtschaftsmächtigen und staatlichen Institutionen, oft durch Schaffung bzw. Hervorbringung neuer Gesetze und Verordnungen. Das geschieht ohne direkte Einbeziehung der Betroffenen (der Bestohle-

nen), der Masse der Bürger in die Meinungs-
bildung, ohne deren Möglichkeit einer Ein-
bindung in die Entscheidungsfindung. Häufig
werden tiefgreifende politische und verwal-
tungstechnische Entscheidungen dieser Art
in scheinbar demokratischen Verpackungen
feilgeboten. Was darauf steht, soll auch drinnen sein? Beileibe nicht. Es ist nichts von
dem drinnen, was darauf steht. Die Bürger-
proteste wegen empfundenen Unrechts, falls
es sie überhaupt gibt, verhallen lautlos und
wirkungslos.

Gleichheit und Toleranz: In den vom Christentum geprägten westeuropäischen Staaten, aber auch und insbesondere in Nord-
amerika, hat man sich Freiheit, Rechtsstaat-
lichkeit, Gleichheit und Toleranz auf die Fah-
nen geschrieben. Ethnische Identität und
dominierende Kultur der Staaten über dem
Atlantik (und andernorts) sind, betrachtet
man diese historisch, von Europa abgeleitet
bzw. indiziert worden.

Kriege: Religionskriege, sehr oft auch als
Glaubenskriege bezeichnet, werden aus
Überzeugung geführt. Unter diese fallen auch
Expansionskriege z. B. des Christentums,
des Islam, letztendlich alle Konfessionskrie-

ge. Eine Abgrenzung der Kriege nach Motiven ist fast unmöglich. Die meisten Kriege, wenn nicht gar alle, sind irgendwie mit religiösen Vorstellungen und Ausdrucksformen gepaart, wobei außer den religiösen Motiven auch eine Mischung von politischen, wirtschaftlichen, ethnischen Motiven eine Rolle spielen. Die großen Religionen streben in sich verborgen nach Weltherrschaft. Sie glauben sich im Besitz der Wahrheit und sehen sich deshalb für Allmacht legitimiert. Bei Religionskriegen geht es auch, aber nicht nur, um den Versuch, Auswege aus einem Dilemma zu finden: Es geht um Herausfinden aus einer Zwickmühle der Abhängigkeiten für und von uns Menschen mit Hilfe der Aneignung von Macht über Menschen und deren Lebensgefühle. Letztendlich geht es um die Macht über alle Menschen. Da viele Völker mit geringer Überlebenssicherheit erfahren mussten, dass der Mensch zu nichts tauge und die einzigen Überlebenschancen das Ergebnis von Lüge, Kraft und gelegentlichem Glück zu sein scheinen, strebe diese, teils mit rohen Sitten behaftet, nach einem außerirdischen Refugium mit Gewaltmonopol, das angeblich von Gott legitimiert ist. Fanatisch aufgeheizt streben Menschen nach einem Zufluchtsort, einem Unterschlupf, nach generellem Asyl, wohin sich der Einzelne zurückziehen kann, wo er sich sicher fühlen kann, bzw. einem Ort, von dem er glaubt, sicher vor allen anderen Menschen sein zu können. Ein Paradoxon, das zum Leidwesen des Menschen letztendlich einen unauflöslichen Widerspruch in sich birgt.

Wahrheit oder Lüge: Muss, was dem Verstand nicht greifbar, nicht realisierbar ist, eine andere Wahrheit oder eine Lüge sein? Diese Frage stellt sich. Fanatische, generalisierte Religions- und Ideologie-Führer versprechen als Antwort auf dieses Dilemma eine andere als die aus Tod und Zerstörung entstandene Welt. Die Folgen sind unüberschaubar. Glauben wollen ist das alles beherrschende Kriterium. Glaube soll Berge versetzen.

Größenwahnsinnige: Um einen Krieg anzetteln zu können, bedarf es mindestens eines Größenwahnsinnigen – in der Regel mehrerer Größenwahnsinniger. Tatsächlich bringen religiöse Gemeinschaften Unfriede in die Welt. Sie nötigen Menschen, ob sie wollen oder nicht, in Heilige Kriege, Randständigkeit, schwierige soziale und wirtschaftliche Verhältnisse, psychische Labilität, Beeindruckung mit Gewalttaten. In diesem Zusammenhang ist es schwer, sich selbst treu zu bleiben und für sich da sein zu wollen.

Aktuelle Entwicklungen: Während die Bevölkerung der einst mächtigen USA in Korruption und Medikamentenmissbrauch erstickt, ist das diktatorische China froh und munter mit Patenten, Reis und Weizen auf Siegeszug durch alle Kontinente. Chinas digitale Welt ist, mit allen Vor- und Nachteilen, auf der Überholspur. Ein schmaler Grat zwischen Brot und Spielen und Überwachungsflut.

Was wir nicht wissen: Das Einzige, was in unserem Leben wirklich zählt, das uns bewegt und prägt, ist das, was wir nicht wissen. Es sind die ungeklärten Fragen unseres Lebens. Wir leben im digitalen und Informationszeitalter. Vieles um uns ist inzwischen weitreichend erklärbar. Wir unterscheiden heute zwischen dem, was wir noch nicht wissen und dem, was wir immer noch nicht wissen, aber eines Tages wissen werden, dem, was wir niemals mit Sicherheit wissen werden, dem Unfassbaren, oder dem, was wir mit Glauben und `Glauben wollen` umschreiben oder ersetzen. Von unfassbaren Dimensionen genötigt, bleibt uns viel Raum für Fantasie, für Illusion und Zeit für Ängste.

Wir wissen z.B. nicht mit Sicherheit, wie es morgen um uns steht, ob es ein Leben nach dem Tod gibt, ob es einen Gott gibt. Wir können nicht mit Gewissheit sagen, ob es jemals Gerechtigkeit auf der Welt geben wird, ob es Erlösung gibt. Die Hoffnung stirbt zuletzt - oder `Von Hoffen ist nichts zu hoffen`.

Flucht: Was wir nicht wahrhaben wollen: Wir stehen am Beginn der größten Völkerwanderung der menschlichen Geschichte. Armut, Not, Mangel, Kriege und Vertreibungen bewegen Menschenmassen. Das plötzliche, eilige, heimliche oder unheimliche Verlassen eines Landes, eines Kontinents, das Davonlaufen aus weitgehend uns fremden Ländern wegen Not, Armut, Mangel, Krankheit, wegen Kriegshandlungen, Gräueltaten, Massakern und Hoffnungen, ist uns Europäern als Alptraum in die Knochen gefahren. Auch Bevölkerungswachstum, Naturkatastrophen und durch wirtschaftliches Handeln, Umweltbelastungen und Umweltzerstörung hervorgerufene Katastrophen verleiden Menschen zur Suche nach einem Fluchtort, treibt Menschen mit der Hoffnung auf Vermeidung von Elend ins Asyl, zu einem sicheren oder verhältnismäßig sicheren Ort.

Panik: Ein Wort für erzwungene Mobilität ist Panik. Das moderne Hypnosewort für Rettungswege der Angst ist Panikattacke. Panikattacken bewegen im wahrsten Sinne des Wortes Millionen Menschen. Es erübrigt sich, die Orte, die geographischen, die geopolitischen Orte, die Ortsfluchten von Land zu Land und das damit verbundene, unbeschreibliche Elend hier aufzuzeigen. Die anstehenden Völkerwanderungen rufen bei uns Europäern Unbehagen hervor und werden bei vielen Menschen des mittleren Europas zu ethnischer und rassistischer Umtriebigkeit führen und zu erheblichen Widerständen. Man wird neue Gefühle der Volkszugehörigkeit entwickeln oder alte Gefühle zurückrufen, sich von Fremdländischem abgrenzen und das Gemeinschaftsgefühl zumindest in dieser Hinsicht wachsen sehen.

Die Eigenbezeichnung `Wir Deutsche` und `Wir sind wir! Was gehen uns die Probleme anderer Völker an` wird wohl im Kreise Gleichgesinnter häufiger als bisher angesprochen werden.

Warum Kriegsspiele? Fragen über Fragen. Kriegsspiele zur Machterhaltung und für Selbsterhalt der Mächtigen? Kriegsspiele aus

Lust an Grausamkeiten? Kriegsspiele, um Ressourcen, z.B. Wasser, Öl, Patente, Urheberrechte? Kriegsspiele für Ausbeutung und Kolonialismus? Kriegsspiele für Weltherrschaft der Religionen? Kriegsspiele gegen Frauen?

Fremde im eigenen Land? Manche Menschen befürchten, künftig Fremde im eigenen Land zu werden. Muttersprache erfährt in Folge ungeahnte Bedeutung. Man sagt, die Zuordnung von Flüchtlingen zu bestimmten Gebieten im Land wird Rivalitäten unter den Teilgebieten und ihren Bewohnern hervorrufen. Die geschichtliche, soziale und kulturelle Identität stehe auf dem Prüfstand. Diese Erscheinungsformen und Ängste sollte man ernst nehmen. Sie nur als Fremdenfeindlichkeit abzutun, hätte verheerende Folgen für ein Volk.

Gegenwirken? Es bedarf vieler Anstrengungen und einer großen Fantasie, um es nicht zum Äußersten an Verwerfungen kommen zu lassen.

Aufgaben: 1. Fremde bzw. Flüchtlinge in das eigene Menschsein mit einzubeziehen. 2. Neue soziale Räume für Integration und

Zusammenleben/Zusammenarbeit schaffen.
3. Im Hinblick auf einen wachsenden Zusammenhalt der Menschen Konflikte meistern bzw. vorausschauende Maßnahmen ergreifen.

Wahrnehmungs- und Erlebnisinhalte: Es ist eine Völkerwanderung im Gange, die tief in unser Leben und das unserer Nachfahren eingreift, in Erziehung, Sprache und Kultur, in wirtschaftliche und soziale Organisation, in Gesellschaftswissenschaft und Philosophie, in unsere Wahrnehmungs- und Erlebnisinhalte.

Flucht in Größenwahn: Eines der ganz grossen Probleme unserer heutigen Gesellschaft ist neben Landflucht und Vertreibung und der Zulassung eines Vielvölkerstaates, die Flucht vieler Menschen in den Größenwahn. Der Größenwahn ist in unseren Breiten nicht nur geduldet. Er ist erwünscht und er wird strukturell gefördert bzw. gepflegt, ob im politischen, im sozialen, im administrativen Geschehen, ob in Finanzen, in Wirtschaft oder in der Unterhaltungsbranche. Es herrscht Gedankenlosigkeit. Die Gesetze der Willkür herrschen. Das bedeutet, nach dem Willen anderer Menschen dienstfertig und gefügig handeln zu wollen oder zu müssen.

Wahnvorstellungen: In tragenden, unverzichtbaren, die Nationen wesentlich beeinflussenden Institutionen der Politik, der Religion, der Finanzen und der Wirtschaft finden wir vielfältige Wahnvorstellungen und Personen, die sich für unendlich wichtig und unersetzlich halten, sogenannte Persönlichkeiten. Denken sie z.B. an Personen des Bankenwesens, an Personen, die über große Mengen Geldes verfügen, organisatorisch und administrativ in der Lage sind, Geld zu geben, zurückzuhalten oder zu nehmen. Diese Personen stellen einen weitreichenden Machtfaktor dar. Diese sind Wahnvorstellungen häufig erlegen und führen zu maßlosen, übersteigerten Bedürfnissen, aber auch zu nur scheinbar wertschöpfenden Leistungen.

Wahnvorstellungen erzeugen Gewohnheiten und Lebensbedingungen, welche die Menschen tiefgreifend verändern, ob von diesen erwünscht oder abgelehnt. Sich mächtig wähnende Personen wollen alle anderen, die für oder gegen sie sind, übertreffen. Dieses `Ich bin unersetzlich` oder `Ich werde überall gebraucht` oder `Ich bestimme, was anderen nützt, wenn es mir nützt` ist häufig oder fast immer Ursache menschlichen Unheils. Ist eine Person erst einmal auf dem sicheren Weg wahnhafter Vorstellungen und Handlungen, ist eine Steigerung zum Super-Hero, zum Propheten, ja zu Selber-Gott-Sein-Wollen nicht mehr ausgeschlossen.

Wahnhafte Abstürze: Im beruflichen Leben erfahren wir tagtäglich Alltagswahnvorstellungen, die wahnhafte Erhöhung der eigenen Person, aber auch den wahnhaften Absturz, z.B. Eifersuchtswahn und Nichtigkeitswahn, Neid, Wahn des Querulanten oder Erbsenzählers, Schuldwahn und den induzierten Wahn, der teils epidemisch von einem zum anderen übergreift, auch Massenwahn genannt.

Wahnvorstellungen sind Alltagsgegebenheiten: Sie sind nicht auf Anhieb erkennbar. Denken sie z.B. an Wachstumswahn, demagogischen Wahn und politischen Wahn, religiösen Wahn, Heilswahn, Weltverbesserer-Wahn.

Wem gehört die Welt? Sie gehört der pharmazeutischen Industrie, einem Zweig der chemischen Industrie. Und sie gehört dem organisierten Verbrechen. Die Menschheit gerät nach und nach unter legale Drogen und illegale Machtverhältnisse.

Alltagswahn: Was uns von Kindheit an prägt, ist der in den Alltag hineinwirkende, Gewöhnung herbeiführende Alltagswahn. Seine Wurzel ist der Allmachtwahn, etwa der kollektive Wahn verschworener Gemeinschaften. Der Mensch fällt auf diejenigen Mitmenschen herein, die glauben, im Besitz der Wahrheit zu sein.

Beruf, Berufung: Berufe ausüben ist gewissermaßen ein Spiel spielen. Ein ernstes Spiel. Es geht ja um etwas. Und sei es nur um das Überleben in der Welt, um Selbsterhalt und Sorge für anvertraute Personen.

Berufsausübung: Das Wort Berufung als Berechtigung für Beruf, für legitimierte Handlungen und Unterlassungen, ist ein Kriterium für mitmenschliches Zutun (die Berufsausübung). Mit der Auffassung, man sei berufen, stellt man das berufliche und private Geschehen auf den Kopf. Berufen von wem? Berufung führt bei Menschen zu Einseitigkeit der Wahrnehmung bei sich und anderen und zur Verzerrung der eigenen und fremden

Lebenssituation. Sogenannte Berufene findet man nicht nur bei religiösen Gemeinschaften (Priester, Diakone, Pastoralreferenten, Ordensleuten), sondern auch bei großen Finanzorganisationen, in Wirtschaftskonzernen, in Politik und bei Sozialorganisationen oder einfach nur in der Nachbarschaft. Berufene beanspruchen für sich, dass ihr Tun Berufung und Lebensform zugleich seien und deshalb herausgehoben und außergewöhnlich. Ihr Handeln und ihr Sein sehen Berufene als Signalwirkung für jedermann, weil sie etwas tun oder lassen, welches sie nicht aus sich selber heraustun oder lassen können und müssen, sondern aus Stimme und Handeln eines höheren, zumindest übergeordneten, unzugänglichen Wesens, das auf die Mithilfe der Menschen nicht angewiesen ist. Berufene handeln gewissermaßen amtlich, d.h. mit verordneten Fähigkeiten, mit verordneter Lebenserfahrung und übergeordneter Kompetenz. Berufung ist Größenwahn.

Gottesdarstellung: Da bisher noch niemand Gott gesehen hat, müssen alle Darstellungen von ihm Masken und Kostüme tragen.

Befähigung: Heute kann - zumindest in Deutschland - fast jeder/jede alles lernen. Das muss nicht unausweichlich zur Befähigung führen. Laufbahn garantiert nicht Kompetenz. In der Regel bewirkt sie eher nur die Berechtigung, einen Beruf ausüben zu dürfen. Hauptsache ist, man kann sich gut verkaufen. In diesem Zusammenhang spricht man von `Mehr Schein als Sein`. Es geht nicht um berufliche Inhalte, sondern um das Erscheinungsbild, um Verpackung. In einigen Berufen ist das besonders folgenschwer, z. B. in Arztberufen, bei Architekten, in Berufen mit sogenannten Schlüsselwirkungen, in Berufen, welche die Versorgung der Menschen oder deren Pflege sicherstellen sollen und in Lehrberufen.

Besserwissende Berufe: Wer kennt ihn nicht, den Nachbarn, der immer Recht hat, den Lehrer, der alles besser weiß, den Schüler, den die Eltern zum Überflieger gepuscht haben?

Genies und Windbeutel: Genie und Wahnsinn sollen angeblich eng beieinander liegen bzw. korrespondieren. Nationen brillieren häufig mit Genie-Kult (u.a. Genius- oder Genie-Nationalismus). Sie kultivieren ihre

Genies, um sich von anderen Nationen in ihrer Wertigkeit abzuheben. Mit der Feststellung, Deutschland, das Volk der Dichter und Denker, will man z.B. beweisen, dass die Kultur, das Zusammenleben, die Kreativität eines Volkes, einer Nation, und generell die anderen Umstände eine große Leistungsentfaltung bei ihren Mitgliedern zulassen/zuließen. Aus dieser Tatsache sei abzuleiten, dass Kreativität, Intelligenz, Hochbegabung (und deren Selektion) in Abhängigkeit zum kulturellen Kontext stehen. `Eine Nation kultiviert ihre Genies` kann sich zum Größenwahn steigern. Insofern (oder etwa generell) ist Genie eine Frage der Weltanschauungen oder der religiösen Überzeugungen oder des Nutzens für ein Volk, für eine Gesellschaft, aber auch eine Frage der Ästhetik und der Mode. In dem hierbei entstehenden Genie-Kult ist dann die Rede z. B. a) von überragender Intelligenz, b) von überragender Kreativität, c) von überragender Fantasie und Intuition, d) von überragender schöpferischer Geisteskraft, welche geniale Künstler, geniale Politiker, geniale Wissenschaftler usw. für ihr Volk erbringen. Die Folge ist oft `Das auserwählte Volk`.

Geniale Frauen: Auffällig ist, dass nur selten Frauen als Genies benannt oder gefeiert werden. Als genial, als Genie zu gelten, scheint über viele Jahrhunderte ein Vorrecht des Mannes gewesen zu sein. Es sei hinzugefügt: Manche Umstände lassen eine besondere Leistungsentfaltung zu: Umstände wie a) gute Startchancen bei der Geburt oder in der Kindheit, b) Umstände wegen großzügiger Versorgung mit materiellen und finanziellen Mitteln, c) Umstände durch Zusammenwirken einer Gruppe von Spezialisten (Fachkräften) für eine Aufgabe oder mehrere definierten Aufgaben, d) Umstände bei Beauftragung durch potenzielle Institutionen.

Intelligenz und Klugheit sind nicht identisch: Digitale Welt, Hightech-Highlight. Selbsternannte Intellektuelle in Deutschland und anderswo glauben sich befähigt und berechtigt, mahnend darauf hinzuweisen, die digitale Welt sei der Anfang einer erdumspannenden Diktatur und der totalen Überwachung, der kein Individuum entfliehen könne - wenn diese digitale Überwachung erst einmal zur Vollendung gebracht sei.

Arbeitslosigkeit: Spitzenverdiener? Sie verdienen nicht, was sie erhalten. Sie sind im günstigsten Fall Systemkünstler. Arbeitslosigkeit ist eine Folge gesellschaftlich egoistischen Verhaltens, ist Folge des Nicht-Teilen-Wollens von Arbeit oder Nicht-Teilen-Könnens. Bereits Kleinkinder fällt Teilen nicht leicht. Sie müssen es erst lernen. Erwachsene hätten allerdings genug geistiges Potential, teilen zu können, gerecht teilen zu können oder teilen zu wollen, auch Arbeit teilen zu können. Die Ursache des Nicht-Teilen-Wollens hat ihre Grundlagen a) in der sozialen Schichtung einer Gesellschaft bzw. ganz einfach ausgedrückt in der Einteilung einer Gesellschaft nach Zugehörigkeit zu gesellschaftlich oder rechtlich definierten Gruppen, b) in der Abgrenzung und Ausgrenzung sozialer Gruppen – bis hin zu Extrem-Positionen – durch Organisation und formalisierte Beziehungen sowie in Vorurteilen (z.B. von Führungseliten), c) in Selbst- und Fremdwahrnehmung. Es geht hierbei um die Bewertung der eigenen Leistung durch denjenigen, der leistet. Und es geht um die Bewertung der Leistung durch andere, übergeordnete oder untergeordnete Personen und Gruppierungen sowie um Bewertung von

Leistung durch Personen im Besitz von Ämtern (Ungleichberechtigung).

Leistungserfüllung: Leistungserfüllung gilt als tugendhaftes Verhalten und hat Vorbildfunktion. Je nach Schichtzugehörigkeit gibt es unterschiedliche Kriterien, Leistung herauszuheben bzw. Leistungsschau zu betreiben und strategische Wertschätzung zu erbeuten.

Wir leben in einer Beutegesellschaft: Keine Beute zu ergattern und aus der Arbeit ausgeschlossen zu werden, ist demütigend. Darüber hinaus gilt: Nicht wenige Leistungsträger werden, trotz der Arbeit, die sie regelmäßig leisten, als ein Verlustgeschäftsträger angesehen. Man unterstellt ihnen a) generell mangelnde Intelligenz, b) fehlende Kultur wegen unterschiedlicher Lebensstile (Klasse, Milieu und Kaste), c) Verlust der Identität (Nichterbringung der so genannten relevanten Charaktermerkmale für Inklusion/Exklusion).

Letzteres schließt einerseits mit ein: 1. Die Person hat keinen Zugang oder Zugriff zu gesellschaftlichen Belangen und keine Sensibilisierung für diese (z.B. Gleichheit, Ungleichheit, Empathie). 2. Der Person gelingt es nicht, gesellschaftliche Barrieren zu über-winden. Andererseits wird unterstellt, diese Person übe Selbst- und Fremdausgrenzung, Ausgrenzung aus der Arbeitswelt wegen nicht öffentlich definierter, persönlicher Not, wegen Armut, wegen Mangel oder wegen Ablehnung des Herrschafts- und Machtver-haltens gesellschaftlich relevanter Gruppen in Beruf und Arbeit. Auf dieser Wahrneh-mungsschiene an Arbeit festzuhalten, fällt dem Leistungsträger, dem Arbeitenden schwer. Arbeit loszulassen ist noch schwerer, da Arbeit auch Quelle von Wohlbefinden, Anlass für Kontakte und Freundschaften, Austausch von Einstellungen, Meinungen und Erfahrungen bedeutet.

Ein besonderer Fall von Arbeitsverweige-rung: In einem Gespräch mit einem vierzig-jährigen Langzeitarbeitslosen stellte dieser seine Situation folgendermaßen dar. Der Fragende: „Wie lange sind sie schon arbeits-los?" Er, der Arbeitslose: „Ich war immer schon arbeitslos!" Der Fragende: „Wieso das? Sie scheinen doch gesund!" Er: „Ich lehne diese Gesellschaft, in der ich hier lebe, ab. Für diese Gesellschaft arbeite ich nie-mals!" Der Fragende: „Wovon leben sie dann?" Er: „Von Hartz-IV, praktisch von Sozialhilfe!" Der Fragende: „Ja, dann leben sie doch von der Gesellschaft, die sie grundlegend ablehnen?" Er: „Mir bleibt ja nichts anderes übrig!"

Computer-Welten: Man wird Kinder vor den Gefahren des Internets beschützen müssen. Wir werden erkennen müssen, dass der Einzelne (die Person) persönliche und gesellschaftliche Probleme nicht oder nur selten durch Nutzung von Computern lösen kann. Man wird fassungslos und verloren in Datenwüsten geraten. Und zugleich wird jeder Einzelne von uns öffentlich einsehbare, digitale Spuren hinterlassen. Man wird so oder so die transformatorische Kraft der Technologien und der Milliardenpotenziale der BIG-DATA am eigenen Leib erfahren.

Neue Krankheiten: Aus der Nutzung und Entwicklung der Datenfluten bzw. aus Abhängigkeiten, die bei Nutzung der digitalen Netzwerke sich entwickeln, werden neue Krankheiten entstehen. Digitale Medien werden künftig alles Leben in allen Bereichen prägen bzw. bestimmen. Auf der einen Seite wird es Schleppnetze der Regierungen und dubioser Organisationen für das legale und illegale Datenfischen geben: Organisationen, die ihre Ausbeute für institutionalisierte Barbarei zum Schaden von Millionen von Menschen nutzen können. Auf der anderen Seite kann sich ein effektiver Motor für soziale Netze, für Wachstum und Beschäftigung entwickeln. Zum jetzigen Stand der Entwicklung gibt es viele Skeptiker, bei denen die Veränderungen auf wenig Gegenliebe stossen. Auf der anderen Seite wird alles das, was im Netz geschieht, als High-Tech, High-Light, als beglückend empfunden und gefeiert.

Ein neuer Menschentyp wird entstehen: Das Entscheidende an dieser Entwicklung ist, dass jeder x-beliebige Mensch aktuell und auf lange Sicht Zugang zu Daten hat, auch zu solchen, die ihm bisher verwehrt blieben. Der Nutznießer der Daten, der Bürger, wird sich anstrengen, anpassen, umstellen und auf Zeit eine Immunität für Manipulation von und durch Daten entwickeln.

Zuerst kam die gähnende Leere. Dann kam wegen der schwarzen Nacht das Wohnen in Behausungen: Während einer Reise durch Guatemala im Jahr 1975 interviewte ich Estuardo, einen von der Hand in den Mund lebenden Gelegenheitsarbeiter (in Guatemala-Stadt) zu seiner Lebensführung. „Uns Hungerleider, uns einfache Leute...", sagte Estuardo vorweg, „...nennen die wohlhabenden Leute in unserem Land einfach nur Bettwanzen, blutsaugende Bettwanzen!" (Spanisch: Chinche). „Die Wohlhabenden wissen, wir sind von ihrem Wohlwollen abhängig." Er, Estuardo, wisse sehr wohl: Bettwanze, Chinche, sei ein Schimpfwort. Es umschreibe die Einschätzung Unwürdigkeit und zugleich die Zurechtweisung derjenigen Menschen, die de facto kein Eigentum, keinen Besitz haben und deshalb von wohlhabenden Menschen abhängig sind. Von Bedeutung sei für ihn, Estuardo, jedoch ein Dach über dem Kopf, Essen und Trinken, ein wenig Bekleidung. Von Hygiene-Artikeln für Körperpflege, von Krankenversicherung, Aufwendungen für Arbeit und Beruf, von Ausbildung und Bildung, von Aufwendungen für den Betrieb und von Unterhalt für Fahrzeuge war hier nicht die Rede. Wie und warum sollte Estuardo auch darüber sprechen können oder wollen? Der Mensch wolle es warm und gemütlich haben, meinte Estuardo. Er habe Freunde, die wegen Not ohne Bleibe seien, täglich um ein Dach über dem Kopf und um Nahrung und Kleidung kämpfen müssen. Vor allem alte Menschen träfe es oft hart. Es müsse doch einen Anspruch auf ausreichende Lebenshaltung geben, auf Nahrung und Kleidung, medizinische Hilfe, ärztliche Betreuung und soziale Fürsorge, meint Estuardo. Weltweit kämpfen Menschen um eine Behausung zumindest für die Nacht und um das Aufgehoben sein in einer Gemeinschaft.

Wohnen nach Wunsch: Gleichzeitig machen sich Menschen andernorts Gedanken über Wohnen nach Wunsch, aber auch über hohe Mietkosten in Großstätten, teure Mieten wegen Privatisierung öffentlichen Eigentums, Mitsteigerungen wegen Wohnungsmangel und wegen des Armutsrisikos infolge des unverhältnismäßigen Mietpreiswuchers.

Wohnen ist ein Grundbedürfnis des Menschen: Allgemeine Erklärung der Menschenrechte (UNO) vom 10. Dezember 1948. Artikel 25.

Wohnen ist von zentraler Bedeutung für uns alle. Wohnen bzw. Wohnung ist der Ort, wo man mich findet, wo man mich antrifft. Einen Großteil unseres Lebens verbringen wir in Behausungen, a) um zu essen, um zu trinken, um zu schlafen, b) um uns zurückzuziehen, uns zu erholen, um privat sein zu können, c) um miteinander zu sprechen, beieinander zu sein, um uns zu verständigen, d) um uns ungestört zu lieben, e) um uns zu schützen.

Vertreibung: Sind wir uns dessen bewusst, was es heißt, wenn `Wohnen` infrage gestellt, bedroht, gefährdet ist, etwa durch Not, Armut, Mietwucher, Krieg, Flucht, Vertreibung? Stellen sie sich vor, sie hätten keine Wohnadresse.

Wohnkultur: Nennen wir es Wohnschutz und Wohnkultur, was uns motiviert, uns niederzulassen, eine Behausung zu suchen und diese sicherzustellen.

Die vielzitierten `Vier Wände` sind für viele Menschen inzwischen in den Mitgliedsstaaten der Europäischen Union, so auch in Deutschland, in Gefahr.

Immobilienblase: 2012 hat die Deutsche Bundesbank vor einer bestehenden Immobilienblase in Deutschland gewarnt. Man beobachtete damals schon einen beschleunigten Anstieg der Mieten, zugleich flächendeckende Mietpreisübertreibungen. Wird das Wohnen unbezahlbar? Mit so genannten Immobilienblasen gehen meist Kreditnachfrage, Kreditwachstum (Anteil der Fremdkapital-Quoten und Kreditanteil am Kaufpreis bzw. am Erstellungspreis für Wohnraum) einher. Was bis heute bereits – wie schon gesagt – Realität ist. Dazu a) ...hohe Mieten in den Städten, b) ...teure Mieterhöhungen wegen Privatisierung öffentlichen Wohneigentums, c) ...bewusst herbeigeführter Mangel an Wohnungen (Wohnungsmangel lässt Preise steigen), d) ...nicht übersehbar: Mietwucher aller Ortens (Mietwucher erhöht das Armutsrisiko von Millionen Menschen). Wo ist die kollektive Gegenwehr?

Gemeinsames Wohnen: Um zu wohnen, werden Ehen geschlossen und es entstehen Freundschaften, Partnerschaften und Wohngemeinschaften. „Um eine Türe öffnen und jemanden herein bitten zu können, um Gastfreundschaft anbieten zu können, braucht man eine Wohnung, ein Zuhause!", sagte mir im August 1986 mein Freund Houssein, der im Nahen Osten, im Westjordanland, in palästinensischem Gebiet wohnt. Und der muss es wissen.

„Wo wohnst du?", ist häufig eine Frage. Hinterfragt ist nicht nur der Ort, die Adresse, sondern auch „Wo lebst du?" Während eines Aufenthaltes aus beruflichen Gründen in Brasilien verstieg ich mich dazu, einfach nur so und zu Fuß – aus lauter Neugierde – eine Reichenwohngegend zu besuchen. Schon hatte ich eine Pistole zwischen den Rippen. Private Wohnschutz-Polizei! Privilegierte Reichen-Wohn-Ghettos halten sich sogenannte Nachbarschaftspolizisten bzw. pflegen und finanzieren eine Art geduldeter Parallel-Justiz (policia de vecindad). Der Aufpasser fragte mich, was ich hier suche. Und dann noch zu Fuß? Niemand ging in dieser Wohngegend zu Fuß!

Übergangswohnen: Vor allem in durch Öl-Vorkommen reich, gar superreich gewordene Staaten kommen Millionen Fremdarbeiter zum Einsatz. Sie haben – in der Hoffnung für eine bessere Zukunft für sich selbst und ihre daheim gebliebenen Familien - ihre Heimat, ihr Zuhause, ihre Wohnung verlassen. Viele von ihnen werden in sogenannten Gastländern wie Sklaven behandelt, als Zwangsarbeiter der Reichen geführt. Hunderttausend Arbeitskräfte aus Indien und aus dem asiatischen Raum fristen versklavt, ihrer Menschenwürde beraubt, schlecht bezahlt und schlecht ernährt, schlecht untergebracht und

schlecht behandelt in überfüllten Massenun-
terkünften ihr Leben. Sie haben keinen Anteil
an dem, was wir als Wohnen, Wohnkultur,
Wohnung als Schutzraum definieren. Sie
haben keinen Anteil, keinen Zugriff zu gesellschaftlichen Belangen ihres Gastlandes. Die
Gastgeber fühlen sich nicht genötigt, die
Sensibilisierung für ihre Gäste (Empathie,
Gleichbehandlung, Gerechtigkeit) anzustre-
ben bzw. gesellschaftliche Barrieren überwinden zu helfen. Großer Wohlstand und feh-
lendes Wertebewusstsein, was der Mensch
sei, hat sie in ihrem Herrschafts- und Macht-
verhalten größenwahnsinnig werden lassen.

Ein Häuschen im Garten: Ja, das wäre zu
begrüßen! Ein nostalgisches Quartier und
überall um das Häuschen sattes Grün, Stille,
Geborgenheit, Liebeszauber. Wer kennt sie
nicht, die Sehnsucht nach Idylle. Wer kennt
ihn nicht, den romantischen Traum vom
Häuschen im Grünen. Starke Gefühle. Starke
Erlebnisse. Wem ist das nicht zu wünschen
und zu gönnen?

Lügennetze: Die derzeitige Politik (z. B. in
Trump-USA, in Putin-Russland usw. vermittelt ein Gefühl, als sei sie nur noch in Lügen-
netzen aufrechtzuerhalten. Als halte sie sich

nur mit Intrigen im Gange und als seien viele Amtsträger und Politmatadore inkompetent. Die Weltwirtschaft bricht drastisch ein. Die Vereinigten Staaten (USA) und die Europäische Union versuchen durch Verträge, die noch nicht in trockenen Tüchern sind, im Glauben auf die selbstheilenden Kräfte des freien, politisch wenig oder gar nicht kontrollierten Marktes das Schlimmste an wirtschaftlichem und sozialem Niedergang zu verhindern. Die Währungshüter sehen nicht mehr ein und aus. Ihre Eingriffe und Programme holen das, was dringend fehlt, beim Kleinen Mann. Die Sparer gehen leer aus. De facto lohnt es sich für den Kleinen Mann nicht mehr, Vorsorge zu treffen. Die Lebenshaltung im Alter ist trotz eifrigen Bemühens nicht mehr gesichert. Großraumpolitisch, geopolitisch, machtpolitisch ist alles im Fluss. Niemand weiß so richtig, wohin das führen wird und welche Dämme reißen. Der einst hoch gelobte Euro als allgemeines Zahlungsmittel bewirkt zunehmend Unzufriedenheit unter den Mitgliedsstaaten u. a. auch potentielle Arbeitslosigkeit. Er pervertiert die interstaatlichen Beziehungen, die Mitgliedsstaaten der EU und deren Volkswirtschaften und Märkte. Die halbe Welt steht im Krieg oder in Kriegsvorbereitungen. Der Ausgang ist ungewiss.

Die sogenannte zivilisierte Welt ist von Wahnvorstellungen geplagt (Kampf gegen Windmühlen). Aus dem Hintergrund der Weltreligionen hört man die Kasse klingeln und vielerorts das Lied vom Tod.

Die Datenschleppnetze der BIG-BROTHER-STAATEN lassen keine Information über Menschen und Zeiten mehr aus, ob legal oder illegal. Der Zusammenhalt der Staaten der Europäischen Union ist zwar ständig beschworen, bleibt aber eine Phrase. Die wirklichen gesellschaftlichen, politischen Eliten, die Wirtschafts- und Finanz-Eliten machen sich aus dem Staub, tauchen unter. Wer uns bleibt sind die Zauberlehrlinge.

Abgang: Aufs Ganze gesehen ist unser Lebensraum eine Müllwerkstatt. Und, glauben sie mir, für alles Gesagte bleibe ich ihnen wissenschaftliche Begründungen und Beweise schuldig. Und überhaupt ist in allen Dingen der Unkundige dreister als der Kundige.

Der Autor

Rolf Dieter Kaufmann, Jahrgang 1942, arbeitete als Lehrender 29 Jahre an einer deutschen und 6 Jahre an einer italienischen Universität. Er studierte Kunstgeschichte, Malerei und Grafik in Rom, Politikwissenschaften in München, Pädagogik, Philosophie, Soziologie, Indologie und Sinologie in Freiburg.

Private und berufliche Gründe führten ihn nach Asien, Vorderasien, Afrika, in arabische Länder und nach Süd- und Mittelamerika.

Zeitfracht Medien GmbH
Ferdinand-Jühlke-Straße 7
99095 Erfurt, Deutschland
produktsicherheit@kolibri360.de